LES SABOTIERS,

COMÉDIE EN UN ACTE

ET EN PROSE, MÊLÉE DE CHANT.

PAR LE C. PIGAULT LEBRUN,

MUSIQUE DU CITOYEN BRUNI.

*Représentée à Paris sur le Théâtre de la rue Feydeau,
le 5 Messidor, l'an 4.*

A PARIS,

Chez HUET, Éditeur de Pièces de Théâtre et de
Musique, rue Vivienne, N.º 8.

AN 4. 1796.

PERSONNAGES. ACTEURS.

BERTRAND. ⎫ Sabotiers.   *Le C. Juliet.*
GERVAIS. ⎭   *Le C. Valière.*
BRUNO, garçon Sabotier.   *Le C. Lesage.*
VALENTIN, Fils de Bertrand.   *La C.ne Lesage* fille.
FAUSTINE, fille de Gervais.   *La C.ne Rolandeau.*

La Scène est dans une forêt. De chaque côté du Théâtre, près l'avant-scène est une hutte de Sabotier. Un cellier couvert en chaume est adossé à chaque Chaumière.

LES SABOTIERS,

COMÉDIE

EN UN ACTE ET EN PROSE, MÊLÉE DE CHANT.

SCÈNE PREMIÈRE.

Le jour commence à poindre.

VALENTIN, *couché au pied d'un arbre, son fusil entre les jambes.*

Il est bon là, monsieur mon père : t'as soupé, mon garçon ; prends ma canardière, vas veiller au loup ; moi, j'vas me coucher. Travailler d'jour, et veiller d'nuit, c'est trop, quoi qu'il en dise. Aussy j'sors, et j'm'étends tranquillement au pied d'un arbre, mon fusil dans mes jambes. Si l'froid m'réveille, j'pense à Faustine, et j'devenons chaud comme un far rouge. Veiller ! veiller ! eune chèvre d'plus, une chèvre d'moins queuqu'ça fait à moi. Tant qu' l's hommes auront des pieds, leux faudra des sabots, et tant qu'j'en pourrons faire je n'manquerons né rian.

ARRIETTE.

Foin de la mélancolie !
Faut rire et chanter toujours :
C'est l'amour et la folie
Qui nous donnent de beaux jours.
Quelquefois pourtant Faustine
M'torne la tête à l'envers ;
Alle gronde, alle lutine,
Alle prend tout de travers :
Tout autre alors faisant rage,
Perdrait les plus doux momens.
Pour moi si jamais j'enrage,
C'est de bouder trop long-tems.

Je rions, et alle n'est pas ici ; a' m'avait promis de descendre, et a' n'est pas levée encor, et me v'là, et je l'attendons ! Alle en prend à son aise ! P'tite paresseuse, p'tite dormeuse, p'tite insoucieuse, p'tite....

SCÈNE II.

VALENTIN, FAUSTINE.

FAUSTINE *lui frappant sur l'épaule.*
Courage, monsieur Valentin.

VALENTIN.
J'en allions dire ben d'autres, si ous ne vous étiez pas montrée ; mais drès qu'on vous voit, n'y a pu d'humeur.

FAUSTINE *piquée.*
Ah, ous aviez d'l'humeur ! ça vou arrive souvent.

VALENTIN.
C'est passé, mam'selle ; n'parlons pus d'ça, j' t'en prie.

FAUSTINE *appuyant.*
Ah, vous aviez d'l'humeur !

VALENTIN.
Hé ben oui, ventreguenne ; j'ous de l'humeur, et j'ons raison d'en avoir.

FAUSTINE.
Et peut-on savoir c'te raison ?

VALENTIN.
J'en ons mille. Primo, d'abord, d'puis trois jours ous n'voulez pus v'nir cueillir la noisette. J'avions tant d'plaisir à vous les trier ! j'trouvions si douces celles qui venions d'vot' main !

FAUSTINE.
Ous savez ben qu'c'est par prudence, monsieur l'querelleux, j' n' sommes pas encore d'âge à et' mariés, et si nos pères soupçonnient.....

VALENTIN *avec dépit.*
Et quand i' soupçonneriont la vérité, queu mal qu'i' aurait à ça ! Aussy ben, i' n'auront biantôt pus rian

à soupçonner. J'ons l'cœur si gonflé qu'il en crève, et on n'cache pas long-tems c'mal là. La prudence ! la prudence ! c'est-i' aussy par prudence qu'ous passez, r'passez cent fois sans nous r'garder tant seulement du coin d'l'œil, et qu'ous dormez tranquillement, tandis que j'nous morfondons à vot' porte ? On s'réveille, entendez-vous, mamselle ; on s'réveille, sur-tout quand les pères dormont. Amour et repos n'marchont pas d'compagnie. Je vaillons sans nous en appercevoir ; j'pensons à vous, ça occupe ; j'vous rêvons telle qu'ous devriez être, et ça fait plaisir.... Hé bien, voyez si alle parlera, si a' s'excusera, si a' m'appaisera. J'n'demandons pourtant pas mieux qu' d'êt' appaisé ; c'est ben visib', ça.... a' n'sonera mot.... et j' n'crierions pas ! oh, qu' si fait j'crierons, et d'eune fiare manière encor.

FAUSTINE.

Valentin, Valentin, j'prendrons not' parti.

VALENTIN.

Et qu'eu parti qu'ous prendrez, voyons mamselle ?

FAUSTINE.

J'vous oublierons.

VALENTIN.

Ous vous corrigerez.

FAUSTINE.

J'vous oublierons, que j'vous dis.

VALENTIN.

Ça ne se peut pas. Oublier ce qu'on aime ! on oublierait putôt de boire et de manger.

DUO.

FAUSTINE.

Oui, je romprai, j'en jure ;
Je t'abandonnerai.

VALENTIN.

Si tu fais ça, j't'assure
Qu'à l'instant je mourrai.

FAUSTINE.

Qu'en pourra-t-on conclure ?
Toi seul auras eu tort.

VALENTIN.

Je j'varrons qu'eu figure
Qu'tu f'ras après ma mort.

ENSEMBLE.

FAUSTINE.	VALENTIN.
Je t'oublierai, j'en jure ;	Si tu fais ça, j't'assure
Je t'abandonnerai.	Qu'à l'instant je mourrai.

VALENTIN.

Fi, la haineuse !

FAUSTINE.

Fi, le méchant !

VALENTIN.

Toujours boudeuse !

FAUSTINE.

Toujours grondant !

VALENTIN.

Quand on est jeune et leste,
Sans se tant désoler,
On peut trouver de reste
De quoi se consoler.

FAUSTINE.

Quand on est jeune et belle,
Pourquoi se tourmenter ?
Un amant qui querelle
N'est pas à regretter.

VALENTIN.

Tendre pastourelle !

FAUSTINE.

Charmant pastoureau !

VALENTIN.

Voyez qu'elle est belle !

FAUSTINE.

Voyez qu'il est beau !

COMÉDIE.

ENSEMBLE.

FAUSTINE.
J'abjure un amour funeste
Qui m'a long-tems tourmenté.
Je te hais, je te déteste,
Je reprens ma liberté.

VALENTIN.
J'abjurons l'amour funeste,
Qui nous a tant tourmenté;
Je te hais, je te déteste,
Je reprens ma liberté.

Faustine rentre, et ferme brusquement sa porte.

SCÈNE III.

VALENTIN *seul*.

Hé ben, hé ben, queuqu'tu fais donc, Faustine? n'v'là t-i' pas qu'a s'renfarme au biau mitan d'la conversation? a' sait qu'alle est jolie, alle est fiare, a' veut me m'ner; ça n'sera pas vrai, et morguenne tout coup vaille. A' boude, j'bouderons; quand a' reviendra, j'résisterons; a' pleurera, hé ben, j'varrons et d'ici là.... j'enragerons.... oui, j'enragerons; j'enrageons déjà.

SCÈNE IV.

BERTRAND *sortant de chez lui, et tenant un piège à loup ;* VALENTIN.

BERTRAND.

C'est toi, garçon? la veillée a-t-elle été bonne? as-tu vu l'loup?

VALENTIN.

I' m' quitte, mon père.

BERTRAND.

Et tu n'cours pas après?

VALENTIN.

J'le rejoindrons sans courir.

BERTRAND.

Fallait faire feu.

VALENTIN.

C'loup la n'craint pas la poudre.

BERTRAND.

Oui, mais les balles ?

VALENTIN.

J'avous trop d'peur d'l'i gâter la peau.

BERTRAND.

Accoute, not' fieu : v'là deux ou trois jours qu'tu veilles, et stap ndant la vilaine bête m'escroque tantôt un bouc, tantôt un chevreau. J'allons, tandis qu' j'y pensons, tendre c'piège sus ses traces : ça s'ra pus sûr, et tu dormiras. *Il arrange le piège, et l'attache à un arbre avec une chaîne et un cadenas.*

VALENTIN.

Je n'dors pus, mon père ; je n'dors pus.

BERTRAND.

A l'affût, à la bonne heure ; mais dans ton lit.

VALENTIN.

Pas pus d'eune façon que d'l'autre. J'sommes comme enragé, voyez-vous.

BERTRAND.

N'te fâche pas, garçon ; t' l'auras, vas, t' l'auras. L'père Gervais est i' levé?

VALENTIN.

Je n'nous embarrassons n'y d'Gervais, n'y d'sa fille. Qu'i' soyont couchés ou debout, qu'euqu'ça nous fait à nous !

BERTRAND.

C'est que j'ons a li parler d'eune affaire.

VALENTIN.

V'là sa hutte ; frappez.

BERTRAND.

Et d'eune affaire importante.

VALENTIN *avec intérêt.*

Pour moi?

BERTRAND.

Non, pour moi.

VALENTIN.

Diable, qu'euqu'c'est donc que c'te affaire?

BERTRAND.

On n'conte pas ça aux enfans, entendez-vous, monsieur. Allez casser eune croute, et pousser un somme.

VALENTIN.

J'n'ons n'y faim, n'y someil.

BERTRAND.

C'est égal; j'veux qu'tu dormes. J'sommes ton père, peut-êt!

VALENTIN.

Je n'dis pas qu'non, et maugré ça....

BERTRAND *levant la main.*

Veux-tu t'aller coucher, quand j'ten prions honnêtement.

(*Valentin rentre avec humeur.*)

SCÈNE V.

BERTRAND *seul.*

Non, mais j'dis, n'y aurait qu'à l'i conter ça.... Qu'eu qui sçait? Faustine est si drolette! m'est avis qu'alle doit culbuter toutes les têtes: l'fieu a d's yeux comme l'père et d's années d'moins. Motus donc jusqu'à la définition.

LES SABOTIERS,
COUPLETS.

Pour plaire une fillette
N'a rian qu'à le vouloir.
Est-elle gentillette,
On se sent émouvoir :
Vous sourit-elle, on grille,
Abusé par l'espoir;
Et de fil en aiguille
On cède à son pouvoir.

Le pus fou, le pus sage
Se laissont engager.
J'sentions ben qu'à not' âge
On court plus d'un danger.
Je bravons tout, je grille,
Et par fois un barbon
Peut de fil en aiguille
Festoyer un tendron.

Bertrand aime Faustine,
Bertand l'épousera.
Près d'sa chienne de mine
Bertrand rajeunira.
A ce mot seul je grille,
Et Faustine à son tour
Peut de fil en aiguille
S'trouver bian d'not' amour.

I' n' s'agit pus que d'savoir comment que j'nous y prendrons aveuc l'pare Gervais, qui pourrait ben n'pas êt' d'not' avis. Faudra.... faudra prendre ça d'loin. Travaillons en l'attendant. Ça n' s'ra pas la première fois qu' j'aurons trouvé d'bonnes idées dans le fond d'un sabot.

(*Il se met à l'ouvrage.*)

SCÈNE VI.
BERTRAND, GERVAIS, BRUNO.
GERVAIS.

Allons donc, Bruno; allons donc, chien d'paresseux.

BERTRAND.

Dépêchons-nous d'penser ; v'là l'beau-paro.

COMÉDIE.

BRUNO *sortant et grondant.*

Tians, parresseux ! défendez au soleil d' s'coucher ; i' f' ra jour pus matin.

GERVAIS.

Ça devrait ben êt' comme ça pour l'profit d'un pauvre maître.

BRUNO.

Oui, mais pour l'repos d'un pauv' compagnon ?

GERVAIS.

Pas de raison, à l'ouvrage.

BRUNO *travaillant.*

M'y v'là, not bourgeois ; mais quand j'nous reposerions un peu, n'y aurait pas grand mal.

GERVAIS *travaillant.*

Plains-toi, j'te l'conseille. Ça dort tous d'un somme jusqu'à des trois heures du matin ; ça vous a d'la paille fraîche tous les ans, du pain d'orge tous les jours, du lait caillé à tous ses repas, et ça n'est pas content.

BERTRAND *travaillant.*

Allons, voisin, faut commencer la journée gaîment, quant on veut la finir d'même, et j'ons queuqu'idée que c'telle-cy pourra faire rire un queuques-uns, qui n' s'en doute pas.

BRUNO.

Ça n' s'ra morgué pas moi, toujours.

GERVAIS.

Qu'euqui t'parle à toi ?

BERTRAND.

Allons, allons, d'la gaîté, la chansonnette ; ça tue l'tems.

GERVAIS.

Pargueune, voisin, ous avez raison. Plein eune tête d'chagrin n'paye pas pour un sol d'dettes.

BERTRAND *à part.*

Avant d'nous déboutonner, faut l'remettre dans son assiette.

LES SABOTIERS,

COUPLETS.

GERVAIS.

Est-il un plus doux métier
Que celui de Sabotier ?
Chausser la femme et la fille,
Caresser un pied mignon,
Et voir sourire un tendron,
Dont le petit cœur frétille ;
Non, il n'est pas de métier
Com' celui de Sabotier.

BERTRAND.

Mon voisin, ce Sabotier
N'est encor qu'un écolier.
Rien qu'à voir brune agaçante,
Deviner ce qui lui sied ;
Trouver chaussure à son pied,
Et la renvoyer contente :
C'est ainsi qu'un Sabotier
Prouve qu'il sait son métier.

BRUNO.

Pour être bon Sabotier,
Il faut donc être sorcier ?
Ma méthode est aussi sûre,
Agissant sans discourir,
J'ai toujours su réussir
En présentant la mesure.
Pour moi garçon Sabotier,
Voilà le fin du métier.

Not' bourgois, en v'là encore eune paire, et qu'à l'fil, j'men vante.

GERVAIS.

Hé ben, refais-en eune autre.

BRUNO *cherchant*.

Refais-en eune autre.... refais-en eune autre..... n'y a pus d'bois icy.

GERVAIS.

Ah ! hé queuqu' tu m'diras pour t'excuser ? je n'l'avons pas commandé hiar d'en faire arriver eune voiture après l'soleil couché ?

BRUNO.
Après l'soleil couché! la belle imaginative!
GERVAIS.
Oui, grand vaurien, la promenade délasse.
BRUNO.
Pourquoi donc qu'ous vous couchez, vous?
GERVAIS.
J'crois qu'tu m'raisonnes? t'a une bonne place ; mais, morgué, si tu veux la garder faut changer d'vie, d'abord : hé ben, partiras-tu?
BRUNO *sortant.*
Qu'eu chien d'métier! travailler comme un cheval, et êt' traité de d'même! vaudrait autant êt' rentier.

SCÈNE VII.

BERTRAND, GERVAIS *travaillant.*
BERTRAND,
Le v'la seul : faut saisir l'occasion.
GERVAIS.
Hem?
BERTRAND.
Et l'i couler ça en douceur.
GERVAIS.
Plaît-i', voisin?
BERTRAND *embarrassé.*
C'est que j'pensons à un certain queuque chose....
GERVAIS.
Dans c'monde cy on a toujours à penser.
BERTRAND.
Et quand on a d's affaire' en tête....
GERVAIS.
On n'a pas besoin d'réveil matin.

BERTRAND.

Non, morguenne, car ça empêche ben queuqu'fois d'dormir.

GERVAIS.

Accoutez donc : quand on n'a pas d'tems à pardre, faut ben penser d'nuit à c'qu'on fera d'jour.

BERTRAND.

Sur-tout quand i' s'agit d'eune petite drolerie, qui peut faire plaisir à soi et aux autres.

GERVAIS.

Oui, faut toujours obliger l'prochain, quand on y trouve son compte.

BERTRAND *s'approchant de Gervais*.

J'n'ons pas d'pus près prochain q'vous, père Gervais.

GERVAIS *s'approchant de Bertrand*.

C'est vrai, au moins. Seriez-vous disposé à faire queuqu'chose pour nous?

BERTRAND.

Queuqu'chose d'incrédule.

GERVAIS.

Diable! ous allez donc m'faire eune fiare proposition?

BERTRAND.

Eune proposition à vous étourdir.

GERVAIS.

J'vous d'vinons. Ous allez m'céder eune d'ces deux pièces d'picquette, qu'ous avez eu à si bon compte, et qui dormont la dans vot' cellier.

BERTRAND.

Mieux qu'ça, père Gervais, mieux qu'ça.

GERVAIS.

Ah, ah! ous allez donc me r'passer c'te coupe d'deux arpens, qu'ous m'avez soufflé si adroitement.

COMÉDIE.

BERTRAND.

C'n'est rian qu'tout ça, pare Gervais; j'veux vous passer ma parsonne toute entière.

GERVAIS.

Et queu qu'ous voulez qu'j'en fassions d'vot' parsonne?

BERTRAND.

Accoutez, voisin. On finit par s'ennuyer au fond d'un bois seul avec un p'tit gars, qui gagne ben gentiment sa vie, mais qui n'est pas en état d'nourir eune conversation. Et pis on rentre tard, on est las; rian d'prêt. L'potage est froid, la paille du lit n'est pas remuée; tout va d'guingoi dan' eune hutte où n'y a pas d'minagère.

GERVAIS.

Ah, j'vous voyons venir.

BERTRAND.

Eune femme un peu drôlette vous fait aimer la vie, et vous fait oublier l'soir la fatigue d'la journée. Ça vous alleume eune bourrée, ça vous tire vos guêtres, ça vous fait des contes, ça vous met en train, et pis, (*riant*) hé, hé, hé...

GERVAIS.

C'est ça, c'est ça, voisin Bertrand.

BERTRAND *d'un air d'importance.*

J'sommes calé, afin qu'ous le sachiez. J'ons douze bonnes paires de sabots prêtes à livrer, du bois pour travailler deux ans, d'l'orge pour l'année, d'la picquette pour neuf mois, les hardes d'not' défunte, et cent bons écus qui moisissont là dans un vieux sac d'bure. C'est queuque chose qu'ça, pare Gervais.

GERVAIS.

C'est eune fortune, voisin Bertrand.

BERTRAND.

Hé ben, tout ça est pour Faustine, et je n'vous demandons rian.

GERVAIS.
Rian? c'est beau d'vot' part.

BERTRAND.
Ous n'avez qu'un mot à dire.

GERVAIS *après un tems.*
Je l'disons c'mot. Touchez-là; c'est eune affaire faite.

BERTRAND.
Et l'plutôt s'ra l'mieux.

GERVAIS.
Hé ben, à d'main, voisin Bertrand.

BERTRAND.
Tope, voisin Gervais.

DUO.

BERTRAND.
Embrassez-moi biau-père,

GERVAIS.
Mon gendre, embrassons-nous,
Et drès demain, j'espere
Que j'danserons tretous.

BERTRAND.
La noce sur la bruyère:
Un de mes tonneaux debout.

GERVAIS.
Je fournis la bonne chere:
Toute une chèvre en ragoût.

BERTRAND.
{ Plus de soupirs, plus de tristesse;
Drès demain je sis son époux.
De gaîté, de vin, de tendresse
Faudra nous enivrer tretous.

Ensemble.

GERVAIS.
{ Plus de soupirs, plus de tristesse,
Demain vous serez son époux.
De gaité, de vin, de tendresse,
Faudra nous ennivrer tretous.

BERTRAND.

COMÉDIE.

BERTRAND.

Me voyez-vous ouvrir la danse
Avec cet aimable tendron,
Balancer, sauter en cadence
Et l'i pousser un rigaudon?

GERVAIS.

Ménagez-vous, mon Gendre.
Dans un semblable cas,
Qui veut trop entreprendre,
Fnit par un faux pas.

ENSEMBLE.

BERTRAND.	GERVAIS.
Ah! vous aurez un gendre	Ménagez-vous, mon gendre.
Qui peut dans tous les cas,	Dans un semblable cas,
Avancer, entreprendre,	Qui veut trop entreprendre,
Sans craindre les faux pas.	Finit par un faux pas.

GERVAIS.

Écoutez donc, voisin; allez faire un tour dans la forêt. Pendant c'tems-là, j'parlerons à not'fille; car enfin je n'pouvons pas la marier sans l'i en couler deux mots. Faut la disposer à la résignation.

BERTRAND.

Résignation, résignation! je sommes encore vardelet, et je l'prouvarons.

GERVAIS.

Je n'dis pas non, voisin. Mais encore un coup, faut que j'l'i parle à c't-enfant. Partez que j'vous dis, et laissez-nous faire.

BERTRAND *sortant.*

Parlez donc, beau-père, et sur-tout parlez bien.

GERVAIS.

Ah ben; il est bon là! Faire des recommandations à un homme qui chante au lutrin.

B

SCÈNE VIII.
GERVAIS seul.

Il est un peu mûr, l'papa Bertrand ; mais Faustine est sage, soumise ; ça n'donnera son cœur qu'par avis d'parens. L'futur est riche ; alle aime la braverie, a' mordra à l'ameçon. (*appelant.*) Faustine ! Faustine !

SCÈNE IX.
GERVAIS, FAUSTINE.

FAUSTINE.

Me v'là, mon père.

GERVAIS, *avec une dignité comique.*

Mamselle, accoutez ben c'que j'allons vous dire. Ous êtes gentillette ; c'est un grand malheur : l'diable est toujours aux trousses d'eune jolie fille. Ous êtes jeune, ous taperez tête baissée dans l'sembûches qu'i' vous tendra. Queuques-uns de ses supôts vous écartera du sentier d'l'honneur, et quand on s'en est eune fois fourvoyée, d'sa chienne d'vie on n'y remet les pieds, entendez-vous ?

FAUSTINE *effrayée*.

Qu'eu qu'ous m'dites donc là, mon père.

GERVAIS.

L'aissez-nous finir, mamselle, et n'nous coupez pas la parole. J'vous fais'ons eune instruction paternelle ; tâchez d'en profiter. Je n'sommes qu'un pauvre sabotier ; j'n'avons rian à vous bailler qu'not' bénédiction, et ça n'est pas restorant ; mais ous avez torné la tête d'un gros bonnet d'l'ordre, qui veut faire d'vous la première sabotière du pays, et ça n'est pas à refuser.

FAUSTINE.

Oh j'ne refusons rien, mon père. (*à part*) Tu me l'payeras, Valentin.

GERVAIS.

V'là eune fille ça, qui n'a pas d'volontés, qui n'court pas après les garçons.

FAUSTINE.

Les garçons ! j'les déteste.

GERVAIS.

Et t'as raison. C'sont d'sengeoleux.

FAUSTINE.

Des fléaux.

GERVAIS.

Des pestes, m'enfant, des pestes ; j'allons t'garantir d'tout ça. J'te baillons à un homme d'not'âge qu'est encore frais et dispos, et qui t'aime a l'adoration. A c'soir donc les fiançailles, à d'main l'mariage.

FAUSTINE *effrayée.*

D'main, mon père ; c'est près jour.

GERVAIS.

Oui, not' fille ; on n'peut trop s'presser d'faire eune bonne affaire.

FAUSTINE.

Mais d'main, mon père....

GERVAIS.

C'est un coup d'dez que l'mariage. C'n'est qu'après la partie qu'on sait si on a gagné ou perdu.

FAUSTINE.

La partie est sarieuse, et j'voudrions nous arranger d'manière à n'pas pardre.

GERVAIS *menaçant.*

Ah, j'dis, pas d'rémora.

FAUSTINE.

Faut au moins l'tems d'connaître l'futûr.

GERVAIS.

En un mot comme en cent, j'on promis, et j'tiandrons

parole ; t'obeïras, pisque j'te l'ordonnons. Bertrand ; l'futur, nous attend. J'allons l'charcher, et je t'lamenons. Ah ça, à not' retour pas de simagrées, entens-tu ? on n'gagne rian auprès d'nous avec des grimaces.

SCÈNE X.

FAUSTINE seule.

D'main, d'main ! c'est près jour. J'voulions ben faire peur à Valentin ; mais s'marier tout-à-fait..... Qu'en qu'i' deviendrait c' pauvre garçon ?..... Que j'sis simple de m'occupper de l'i! a-t-i' craint tantôt de m'faire d'la peine? Un petit ingrat, qui s'emporte sans sujet, qui m'met l'marché à la main.... ça mérite punition, et je l'punirai ; ma vanité y est intéressée. C'est l'père Bertrand qui me recharche ; tant mieux, Valentin m'verra la femme d'un aut', devant qui i' n'osera souffler. J'tâcherons d'parait' heureuse, et il enragera à tous les momens du jour, et n'y aura pas d'remède, et j'serons pardue pour l'i...... C'est ça qu'est eune vengeance.... Pauvre Faustine, qu'penses-tu là ? tu seras la femme d'un autre, mais c't autre n'sera-t-i' pas ton mari ? n'auras-tu pas sans cesse devant l's yeux s'ti là qu'tu préfères, et pourras-tu l'voir sans le regretter ? il est jeune ; i' s'consolera : tous les maux seront pour toi, et v'là où t'aura menée un moment d' dépit.

ARRIETTE.

Dans un moment d'humeur
On maudit ce qu'on aime :
Peut-on navrer son cœur
Sans s'affliger soi-même ?
Valentin est un bon garçon :
Faut ben l'i passer queuque chose.
Qui veut toujours avoir raison,
A de cuisans regrets s'expose.
Pardonner est vertu ;
Haïr n'est que foiblesse.
Ah ! mon cœur combattu
Se rouvre à la tendresse.

Le voici. Faut au moins que l'raccomodement l'i coûte queuque chose.

SCÈNE XI.

FAUSTINE, VALENTIN *sortant de chez lui.*

VALENTIN *un peu derrière.*

La v'là ; a' m'a vu, et a' retorne la tête.

FAUSTINE.

C'est ben dommage, en vérité.

VALENTIN.

Oh, a' n' me regardera pas. J'étouffe d'colère.

FAUSTINE.

P'renez donc garde de l'fâcher c' biau monsieu.

VALENTIN.

A' croit que j' l'i parlerons l'premier.

FAUSTINE.

J'y compte un peu.

VALENTIN.

Hé ben, bernique.

FAUSTINE.

Bernique, soit. Je tiendrai bon.

VALENTIN.

Si je n' l'aimions pas tant, queu plaisir qu'j'aurions à l'i lâcher queuque taloche.

FAUSTINE.

V'là pourtant comme i' s'corrige.

VALENTIN *s'approchant brusquement.*

Savez-vous ben mamselle, que quand.... lorsque.... suffit. J'savons c' que j'voulons dire.

FAUSTINE *avec dédain.*

Ah, c'est vous, mon ami !

VALENTIN.

Oui, vraiment, c'est nous, vous l'savez d'reste, d'puis eune heure qu'vous nous reluquez là du coin d' l'œil.

FAUSTINE.

En vérité ? ah, j'ai ben aut' chose à penser.

VALENTIN.

Tians, et à quoi qu'vous penseriez donc ? n'allez-vous pas faire la rancharie ? j'ons eu tort tantôt, j'nous repentons, j'nous soummattons; touchez-là, et qu'tout soit fini.

FAUSTINE.

Il est trop tard. J'sis décidée ; et je m'marie.

VALENTIN *stupéfait*.

Bah !

FAUSTINE.

Demain, sans faute.

VALENTIN.

Ah ! j'vous en prie n'nous faites-pas d'ces peurs là. C'est qu'ça boulevarse d'la tête aux pieds, voyez-vous.

FAUSTINE *d'un air satisfait*.

Un homme riche, assez jeune encore, m'trouve sans défaut, et m'épouse.

VALENTIN *d'un air menaçant*.

Son nom, vite, son nom, que j' l'i disions deux mots.

FAUSTINE.

Rien que l'voisin Bertrand.

VALENTIN.

Mon père ! ah ça, Faustine, est-ce eune gouaille qu'tu nous pousses-là ?

FAUSTINE *avec ironie*.

Il est sûr qu'ça n'est pas croyab', eune pauvre p'tite fille comme moi, épouser un richard.

VALENTIN.

C'n'est pas ça qui nous étonne; c'est ta cruauté, ta parfidie. Auras-tu bian la force d'nous planter là, après tant d'promesses? tu deviendrais not' belle-mère, j'serions témoin.... Ah, Faustine, si tu veux m'abandonner, m'trahir, m'désespérer, prends un aut' homme, qui qu'i' soit, et qu'au moins j'puissions en liberté arroser not' couchette d'nos larmes, et mourir ton nom à la bouche, et ton image dans l'cœur. — Tu pleures.

FAUSTINE.

Ah, c'est ben malgré moi.

VALENTIN.

Tu m'aimes donc encore?

FAUSTINE.

Il le faut bian, pisque je n'peux m'en empêcher.

VALENTIN *bien tendrément.*

Ah, répète-moi qu'tu m'aimes, répète-le sans cesse; répète-le, lors-même que je n'y sommes pas; j'aimons tant à te l'entendre dire! j'aimons tant à croire qu'tu l'penses quand je n'l'entendons pas! ah, répète, répète; ça répand un beaume dans l'sang! si tu connaissais ça!

FAUSTINE.

Si j'connais ça! ah, si j'pouvais t'expliquer tout c'que j'pense!

VALENTIN.

Faut ben que j'nous devinions : j'n'avons qu'un cœur pour nous aimer; j'sommes sans art pour nous l'dire. — Ah, ça, pis qu'v'la la paix faite et que j'jasons amicablement, dis-nous un peu queuqu'c'est que c't embroullamini d'mariage qu'tu nous as fait là?

FAUSTINE.

C'est ton père qui s'est mis en tête d'm'épouser; c'est l'mien qui n'demande pas mieux, et qui s'dispose à m'y forcer.

VALENTIN.

Sais-tu ben qu'c'est sérieux ça?

FAUSTINE.

N'crains rian, on n' s'marie pas sans dire oui.

VALENTIN.

Et tu diras non ?

FAUSTINE.

A tous l's hommes, hors à stila qu'j'ons choisi.

VALENTIN *hors de lui.*

Ah, Faustine, Faustine, j'te payerons d'tant d'amour, d'tant d'constance par tout c'qui peut.... c'qui doit.... c'qui.... je n'pouvons achever not' pensée. Mets ta main sus mon cœur, c'est l'i qui t'dira l'reste.

QUATUOR.

FAUSTINE *la main sur le cœur de Valentin.*
Ce pauvre cœur, comme il bat !

VALENTIN.

C'est d'amour et d'allégresse.

FAUSTINE.

Vois si le mien est ingrat.

VALENTIN *la main sur le coeur de Faustine.*
Il répond à mon ivresse.

ENSEMBLE.

Ah, règne sur mon cœur,
Sur mon âme ravie :
Un moment de bonheur
Vaut un siècle de vie.

SCÈNE XII.

LES PRÉCÉDENS, BERTRAND, GERVAIS *dans le fond.*

VALENTIN.

Aimons-nous constamment
En dépit de nos pères.

FAUSTINE.

Cachons soigneusement
Nos amoureux mystères.

ENSEMBLE.

Rien ne sépare des amans
Qui s'aiment toujours davantage.
Reçois mes plus tendres sermens,
Et le plus doux baiser pour gage. *Ils s'embrassent.*

FAUSTINE.

Cher Valentin!

VALENTIN.

Chère Faustine!

BERTRAND.

Oh, le coquin!

GERVAIS.

Oh, la coquine!

BERTRAND, GERVAIS *s'approchant.*

Enfin je vous pernons,
Biaux conteux de sornettes.

VALENTIN, FAUSTINE.

Ciel!

BERTRAND, GERVAIS.

Je vous réduirons,
Libertins, malhonnêtes.

VALENTIN, FAUSTINE.

Hé, pourquoi tant de couroux?
Quel mal faisons-nous, mon père.

BERTRAND, GERVAIS.

Pour jamais séparez-vous,
Ou, morgué, dans not' colere
J'allions vous rouer de coups.

ENSEMBLE.

VALENTIN, FAUSTINE.	BERTRAND, GERVAIS.
L'amour est-il un crime	Ton amour est un crime
A nous rouer de coups?	que j' s'rai son époux:
Pour qu'il soit légitime,	Pis qu'i' s'ra ton
Hé ben, mariez-nous.	C'est l'mien qu'est légitime
	l'sien
	Cédez et taisez-vous.

BERTRAND.

Comment p'tit scélérat, oser en conter à ta belle-mère !

VALENTIN.

C'est vous qui en contez à vot' bru.

BERTRAND.

Si tu dis encore un mot....

VALENTIN.

J'en dirons cent, j'en dirons mille. Pourquoi se taire, quand on a raison ? J'raffollons de c'te fille là, a' raffolle d'nous, et palsangueune j' s'rons l'un à l'autre demain, aujourd'ui, tout d'suite si on nous pousse à bout.

BERTRAND.

Oui dà ? (*Il le prend et l'entraîne dans son cellier, où il l'enferme à la clef.*) Séparation d'corps jusqu'à mon mariage, et pour cause.

FAUSTINE.

L'rudoyer, l'renfermer, c'pauv' garçon ! c'est eune barbarie, c'est eune indignité.

GERVAIS *à sa fille.*

Hé ben, vas-tu t'mêler d'ça, toi ?

BERTRAND *à Faustine.*

N'vous fâchez pas. Je l'i ouvrirons après la noce.

FAUSTINE.

I' mourra donc là.

VALENTIN *la tête à une petite lucarne.*

Me v'là dedans ; j' m'en bats l'œil. L'cœur d'Faustine est aveuc moi.

BERTRAND.

Ah, son cœur, la belle trouvaille ! nous j'allons avoir sa personne.

VALENTIN.

T'nez, mon père, ne m'parlez pas d'ça, ou j'allons nous casser la tête aveuc un sabot.

COMÉDIE.

BERTRAND.
Casse, casse.

FAUSTINE.
Monsieur Bertrand, si ous l'laissez-là, j'vous haïrai encore davantage.

GERVAIS.
S'i' l'i laissera? n'y aurait qu'à vous lâcher tous deux.

FAUSTINE.
Fi l'vieux jaloux.

BERTRAND.
Parlez l'i donc, beau-pere.

GERVAIS.
Faustine, je n'sommes pas endurant, et j'ons l'bras bon.

VALENTIN *a la lucarne.*
J'allons défoncer eune piece d'vin.

BERTRAND.
C'est égal.

VALENTIN.
J'allons jetter l'habitacle à bas.

BERTRAND.
Oh, je t'en défie.

FAUSTINE.
Hé ben, je l'aiderons.

GERVAIS *la main levée.*
J'vais m'échapper et d'eune manière marquante.

Ensemble.
{
BERTRAND.
Echappez-vous, beau-pere.
FAUSTINE.
Le vilain homme
VALENTIN.
Au secours, au secours.
}

SCÈNE XIII.

LES PRÉCEDENS, BRUNO *accourant.*

BRUNO.

Qu'eu tintamare enragé faites-vous donc là, not'maître ? l'feu est i' à la forêt

BERTRAND.

Vite, beau-père, chez c'savant qui sait lire, qui d'meure au bout de c'te percée; eune promesse réciproque en quatre lignes....

GERVAIS.

Et l'mariage après la signature. M'est avis qu'i'n'y a pas d'tems à perdre. (*contrefaisant Faustine.*) J'déteste les garçons, mon père. C'sont des fléaux, des.... voyez-vous la p'tite rusée. Bruno, on a enfermé un p'tit enragé dans c'cellier : empêche Faustine d'approcher d'là ; n'la pards pas d'vue un moment. La force, entens-tu, la force, si ça dévient nécessaire.

BRUNO.

Dites donc, not'bourgeois ? la voiture sera ici dans eune heure.

GERVAIS *sortant avec Bertrand.*

Fais c'que j'te dis, et que la voiture aille au diable.

SCÈNE XIV.

VALENTIN, BRUNO, FAUSTINE.

BRUNO.

Tians, qu'il est donc drole ! est-ce qu'il auroit un coup de marteau, c'pauv'cher homme ? (*à Faustine*). la force, entendez-vous, mamselle, la force. Ous etes belle comme un astre, et attrayante à l'avenant : hó ben, ça n'y sera rian du tout. Je n'savons pas d'quoi qu'i' sagit ; mais c'est égal, j'obéirons à not'bourgeois. (*Faustine s'approche de*

COMÉDIE.

Valentin, Bruno la fait passer de l'autre côté.)Otez vous d'là mamselle, ôtez vous d'là que j'vous dis. (*Valentin frappe à la porte à coups de pied et à coups de poing.*) Qu'eu sabat qu'i' fait donc! est-ce que l'diable l'i est entré dans l'corp?

FAUSTINE *courant à Valentin*.

Valentin! mon cher Valentin!

BRUNO *la ramenant*.

Elle aussi c'est pis qu'un sort.

FAUSTINE *repassant*.

Quo je souffre de ta peine!

BRUNO *la ramenant*.

Contez l'i ça d'plus loin.

VALENTIN.

Voux-tu la laisser, garnément. T'es ben hardi d'toucher seulement sa cote.

FAUSTINE.

Elle cherche à s'échapper vers le cellier de Bertrand; Bruno lui barre le passage. M'laisseras tu passer? *Bruno la fait reculer vers le cellier de Gervais.* J'passerons.

BRUNO.

La poussant toujours vers l'cellier de Gervais. Ous n'passerez pas, c'est du maléfice : i'savont tertous la fiavre chaude. *Faustine se trouve près du cellier de Gervais. Bruno la pousse dedans et l'i enferme.* A la parfin m'en v'là l'maitre.

FAUSTINE *la tête a une petite lucarne*.

Veux-tu m'ouvrir?

BRUNO.

Pas si bête, pas si bête.

VALENTIN.

N'as-tu pas de honte d'la traiter comme ça.

(*) Dans toute cette scène on peut couper ce qui gênerait l'action.

LES SABOTIERS,

BRUNO.
Ah ben, oui, d'la honte.

VALENTIN.
J'sortirons qu'euque jour, et tu me l'payeras.

BRUNO.
Essayez d'vous y frotter.

TRIO.

FAUSTINE.
Le mauvais cœur, le barbare!

VALENTIN.
L'imbécille, l'animal!

BRUNO.
Finisissez vot' tintamare;
J'som' un tantinet brutal.

Ensemble.
{
FAUSTINE.
Mon cher Bruno, je t'en conjure,
Par mes pleurs laisse-toi fléchir.
VALENTIN.
Comment a-t-on l'ame aussi dure?
Mon cher Bruno, viens nous ouvrir.
}

BRUNO.
Par priere, ni par menace,
Non, vous n'obtiendrez rien de moi.
Croyez-m'en, laissez la grimace;
Du plus fort recevez la loi.

Ensemble.
{
VALENTIN, FAUSTINE.
Par priere, ni par menace
Quoi, nous n'obtiendrons rien de toi.
Hélas! quoiqu'on dise, ou qu'on fasse,
Le plus fort fait toujours la loi.
BRUNO.
Par priere, ni par menace,
Non, vous n'obtiendrez rien de moi.
Croyez-m'en, laissez la grimace;
Du plus fort recevez la loi.
}

COMÉDIE.

VALENTIN, FAUSTINE.
Mon dieu, comment donc faire
Dans un tel embarcas ?
BRUNO.
Vous résigner, vous taire.
VALENTIN, FAUSTINE.
Je ne le pouvons pas.
Ils frappent à grands coups, chacun à sa porte.
BRUNO.
Faudrait redoubler la garde,
Je n' pouvons ê re par-tout.
Appelant au fond du théâtre.
Bertrand.... Gervais !.... Je regarde,
Et je n'voyons rian du tout
I'sallont prendre la fuite :
Bertrand ! Gervais !...Qu'eu métier !
Pour les appeler, au pus vite
Grimpons sus ce peuplier.
Il va à l'arbre, au pied duquel est le piège.

VALENTIN *à demi-voix.*
Bienheureux piége !
Lacets chéris !
BRUNO *voulant monter à l'arbre.*
C'est pis qu'un siege !
(*Il se prend par la jambe*)
Ah!
VALENTIN *s'écriant.*
Le v'là pris.
BRUNO *s'agitant et criant.*
C'est un supplice, eune rage.
Comment deviner un tel coup ?
On prévient le voisinage
Quand on met un piege à loup.
VALENTIN FAUSTINE.
Oh, la bonne aventure !
Comme nous t'y voilà.
BRUNO.
Mais qu'eu chienne d'figure
Qu' j'allons donc faire là !

LES SABOTIERS;

VALENTIN, FAUSTINE.

Ensemble.
Dans les lacets de la grive
Se prend ainsi le vautour.
A qui mal veut, mal arrive,
T'as voulu ruser, balourd;
Pour prix d't'on himeur rétive,
T'es prisonnier à ton tour.

BRUNO.

Dans les lacets de la grive
Se prend ainsi le vautour.
A qui mal veut, mal arrive.
Je n'sommes rian qu'un balourd.
Pour prix d'mon himeur rétive,
J'sis prisonnier à mon tour.

VALENTIN.

Allons, Faustine, faut faire un coup d'atou ici. C'nigaud n'nous gêne pas. Grimpe sus eune futaille, sus des madriers, sur c'que tu pourras : arrache la couverture; j'en allons faire autant d'not' côté. *Il rentre sa tête.*

FAUSTINE.

Bien pensé. Allons, courage. *On entend le bruit de la paille, et de perches cassées.*

BRUNNO.

Hé ben, ces petits sorciers là n'allont-i' pas démolir la maison. Ah, mon dieu, i' cassont, i' brisont..... Si j'pouvions arracher c'maudit peuplier, j'leux en baillerions par la mine.

VALENTIN *criant en dedans.*

Ça va, ça va.

FAUSTINE *criant en dedans.*

Bon, tu m'aideras à finir.

VALENTIN *sortant la tête par la couverture.*

J'ons fait not' trou.

FAUSTINE.

V'là qu'ça part.

VALENTIN *sautant à terre.*

J'sommes dehors.

FAUSTINE

FAUSTINE *sortant la tête par la couverture.*

M'laisseras-tu en si beau chemin ?

VALENTIN.

Je venons à ton aide. (*Il tire le verrouil.*) Déniche d'plein pied.

BRUNO.

Les v'là envolés.

VALENTIN.

Gagnons vite le milieu de la forêt; j'passerons la nuit comme j'pourrons, et demain au point du jour j'irons charcher un marieux.

BRUNO.

Oui, i' sera tems.

FAUSTINE.

Mon cœur me dit de te suivre; ma conscience me l'défend, et c't'lla ne trompe jamais.

VALENTIN.

Mon dieu, mon dieu, Faustine tes scrupules feront not' pardition à tous deux. Nos pères vont revenir. I' me remettront en prison, i' te prendront, i' t'entraîneront, i' t'épouseront, et queuque j'deviandront. J' n'avons pus qu'un moment. Cruelle fille, peux-tu balancer ?

(*Faustine le regarde tendrement, et se jette dans ses bras.*)

BRUNO.

V'là la conscience qui s'appaise.

FAUSTINE *avec un soupir.*

Partons, puisqu'il le faut.

VALENTIN.

Ah, diable, j'oubliois.... C' n'est pas tout d' s'en aller : l'troussieau de ma pauv' mère, et cent bons écus qu'alle a eu en dot m'appartenont de droit. J'vas charcher ça. (*Il rentre chez Bertrand.*)

C

SCÈNE XV.

BRUNO, FAUSTINE.
BRUNO.

A part. Si j'pouvions le convartir. *Haut d'un ton pathétique.* Ah, mamselle Faustine, c'est ben vilain à vous d'jouer un pareil tour à votre pare ; mais pis qu'à toute force ous voulez ous en aller, que j'partions au moins aveuc vous : ça s'ra ben pus honnête ; allez nous charcher not' hachette ; j'couperons c'te chaine, et j'vous accompagnerons.

SCÈNE XVI.

LES PRÉCÉDENS, VALENTIN *portant un paquet.*
VALENTIN.

V'là tout l'bataclan. Aveuc c'te somme là j'pouvons faire l'tour du monde. Allons, Faustine, faut êt' valeureuse ici ; appuie-toi sur not' bras.

FAUSTINE *prenant son bras.*

Oh, j'en ai grand besoin. J'sis toute tremblante.

VALENTIN *sortant avec Faustine par le côté opposé à celui par lequel les deux pères sont sorti.*

Adieu, Bruno ; tâche de t'tirer d'là, mon garçon ; t'iras charcher l'ménetrier pour la noce d'mon père.

SCÈNE XVII.

BRUNO *seul.*

Les v'là partis, et dieu sçait quand on les reverra. Not' bourgeois va m'faire eune vie.... i' n'maccusera toujours pas d'avoir quitté mon poste.... Ces diables d'enfans !

SCÈNE XVIII.

BRUNO, BERTRAND, GERVAIS *dans le fond.*

BERTRAND.

N'y a t-i' pas d'quoi s'damner ? On a besoin d'li eune fois en dix ans, et il est sorti, et on n'sait quand i' reviendra, et je n' savons écrire n'y l'un n'y l'autre.

GERVAIS.

J'trouverons not' homme pus tard, et en attendant j'manerons Faustine cheux sa mareine, jusqu'à qu'tout soit prêt.

BERTRAND *descendant la scène avec Gervais.*

Et not' gars restera sous clef jusqu'à la définition.

GERVAIS *à Bruno.*

Qu'eu qu'tu fais donc là ?

BRUNO.

Je n'fais rian, j'enrage.

BERTRAND *riant et ouvrant le piège avec Gervais.*

Tiens c't animal qui s'est laissé prendre.

BRUNO.

Tiens c't aut' qu'a tendu l'piège ; riez, riez, ous avez d'quoi.

BERTRAND.

Allons, beau-père, opérez, la future cheux sa mareine.

GERVAIS *appellant.*

Faustine ! Faustine !

BRUNO.

Ah, bon oui, Faustine ! i' sont loin s'i couront toujours ; Les moiniaux sont dénichés.

BERTRAND *stupéfait.*

I' sont partis !

GERVAIS.

Et par où ?

BRUNO.

Par la couverture. La fille, l'garçon, l'trousseau d'la défunte, l's écus ; tout est au diable.

BERTRAND.

J'nous sentons suffoqué.

BRUNO.

Riez, riez donc, père Bertrand.

BERTRAND.

L'coquin ! nous voler not' femme, nos hardes, nos espèces !

BRUNO.

Ah, pour la femme, peut-êt' ben a-t-i' tort, pour l'argent et le trousseau, c'est eune autre affaire. I' dit qu'c'était la dot d'sa mère, et ça l'i revient par droit d'succession.

BERTRAND.

Courons après eux. Charchons, charchons partout..... nos hardes ! nos espèces !

GERVAIS.

Un moment, voisin : not' fille est sage ; je n'craignons rian ; mais c'que viant d'conter Bruno change diablement la face des affaires, c'est eune surprise qu'vous avez voulu m'faire.

BERTRAND.

Beau-père !

GERVAIS.

J'voulons l'bien d'not' enfant, et c'est naturel ; j'ons cédé à l'appas d'eune grosse forteune, qui la mettait à son aise, et v'là qu'au fait et au prendre tout s'en va en fumée, qu'tout est à vot' fieu, et qu'un jour aurait fallu tout rendre ; et c'n'est pas là d'la suparcherie, d'la surprise ! si ! c'est indeigne d'vot' part ; ous n'aurez pas not' fille.

COMÉDIE.

BRUNO.

J'avons t'i la barlue donc ? tenez, tenez, les voyez-vous? mamselle Faustine pérorisant, Valentin s'dépitant, et la suivant bon gré, maugré ses dents; les v'là, les v'là, not' bourgeois.

BERTRAND.

Ah, tu va me l'payer, p'tit engeoleux, p'tit escroqueux, p'tit....

GERVAIS.

Pas d'emportement, voisin, i' ne revenont pas pour des preunes : écoutons avant d'prononcer.

SCÈNE XIX.

LES PRÉCÉDENS, VALENTIN, FAUSTINE *dans le fond.*

VALENTIN.

On n'résiste pas à c'qu'on aime : tu le veux ; j'obéis ; mais tu varras que j'nous en r'pentirons.

FAUSTINE.

J'aurons fait not' devoir. (*Courant se jetter aux genoux de son père.*) J'vous ons offensé, mon père ; je revenons toujours tendre et soumise ; pardonnez-moi de m'êt' défié d'vot' cœur : i' n'fera pas l'malheur du mian.

GERVAIS *la relevant avec dignité.*

C'est assez. Stila qui se repent a toujours droit au pardon ; baise-moi, et n'pensons pus à rian.

BRUNO.

V'là un père, voisin Bertrand.

BERTRAND *brusquement a son fils.*

Hé ben, tu n'me dis rian à moi?

VALENTIN.

C'est que j'crains...

BERTRAND.

D'bian parler, et non d'mal faire.

VALENTIN.

Mon père, je n'vous demandons qu'une grace. Renonçons tous les deux à Faustine. N'faisons pas l'malheur l'un d' l'autre. V'là la dot d' ma mère : j'vous la rends, j'vous la donne à c'te seule condition là, aveuc plus d' plaisir que je ne l'avions emportée.

GERVAIS.

Voisin, v'là eune conduite qui doit vous piquer d'houneur.

BERTRAND.

Hé ben, morgué, j'nous piquons. Mariez vous, pis qu'à n'veut pas d'moi. Si je ne l'aimons pas comme not' femme, j'l'aimerons comme not' fille, car j'sentons qu'i' faut l'aimer d'queuque manière que ce soit. (*Il met le paquet sous son bras.*)

GERVAIS.

Voisin, voisin, l'feu du moment vous donne des distraction ; pas d'dot, pas d'mariage.

FAUSTINE.

Quoi, mon père, pour un peu d'argent....

BRUNO.

J'sommes par fois de bon conseil : j'allons peut-êt' tout accorder. Que l's écus soyont dans c'te armoirecy, ou dans c'telle-là, on n'y touchera pas pus d'un côté que d'l'autre, pis qu'chaque jour amène son pain. Not' bourgeois, laissez à Bertrand l'plaisir d'caresser ses espèces. Il est un peu fantas' ; mais c'est un bon ménager, et après l'i, on trouvera l'magot pustôt enflé qu'fondu. C'est-i' dit comme ça?

BERTRAND, VALENTIN, FAUSTINE.

Je m'y accorde.

COMÉDIE.

GERVAIS.

Moyennant toutefois eune reconnoissance par écrit,
Pourrait l'i reprendre queuque démangaison d'mariage.

BERTRAND.

L'ciel m'en garde. Ben fou sti qui n'sait pus plaire, et qui s'avise encore d'aimer.

VAUDEVILLE.

BRUNO.

Conservez bian votre chaussure,
Fille sans finesse et sans art.
Pour vous ôter cette parure,
Souvent on vous guète à l'écart;
Le coin d'un bois, l'herbe nouvelle,
Un mouvement, le moindre mot,
Un rian fait broncher une belle,
Un rian l'i casse son sabot.

BERTRAND.

Le tems de mon apprentissage
Me revient sans cesse à l'esprit.
Fautes, plaisirs, sont le partage
De cet âge où tout réussit.
Si quelquefois le maître gronde,
On lui laisse dire son mot.
Chausse-t-on la brune et la blonde
Sans jamais casser un sabot.

GERVAIS.

Laissons de vaines doléances;
Avec gaîté sachons vieillir,
Chaque tems a ses jouissances:
Je jouis par le souvenir.
Ici tout séduit, mais tout passe:
Trop fortuné, tranchons le mot,
Qui pourrait encore avec grace
A cent ans casser un sabot.

LES SABOTIERS, COMÉDIE.

VALENTIN.

Guidé par le feu de mon âge,
Je vais travailler de grand cœur.
Peut-être aux efforts du courage
Succédera quelque langueur.
Pour me ranimer, ma Faustine,
Tu n'auras besoin que d'un mot:
Sur-tout ne me fais pas la mine,
Si par fois je casse un sabot.

FAUSTINE.

Travaillons avec confiance;
Qui s'occupe n'a pas d'humeur.
Je te promets de l'indulgence
S'il t'arrivait quelque malheur.
Je dois en épouse docile
M'interdire le moindre mot :
Il n'est pas d'ouvrier habile
Qui ne casse enfin un sabot.

FIN.

___

De l'Imprimerie de la rue du Bacq, N.º 610, la 2ᵉ.
porte à gauche en descendant le ci-devant Pont Royal.

Contraste insuffisant

NF Z 43-120-14

www.ingramcontent.com/pod-product-compliance
Lightning Source LLC
Chambersburg PA
CBHW060504050426
42451CB00009B/818